# 陈嘉庚的故事（上）

文　武著
吴永和 绘

海峡出版发行集团 | 鹭江出版社
THE STRAITS PUBLISHING & DISTRIBUTING GROUP　LUJIANG PUBLISHING HOUSE

2016年 · 厦门

**图书在版编目（CIP）数据**

陈嘉庚的故事. 上 / 文武著；吴永和绘. —厦门：鹭江出版社，2016.7
ISBN 978-7-5459-1203-6

Ⅰ.①陈… Ⅱ.①文… ②吴… Ⅲ.①陈嘉庚(1874-1961)—生平事迹—青少年读物 Ⅳ.①K828.8-49

中国版本图书馆 CIP 数据核字(2016)第 175164 号

CHENJIAGENG DE GUSHI

**陈嘉庚的故事（上）**

文武 著　吴永和 绘

---

**出版发行：** 海峡出版发行集团
鹭 江 出 版 社
**地　　址：** 厦门市湖明路 22 号　　**邮政编码：** 361004
**印　　刷：** 福建新华印刷有限责任公司
**地　　址：** 福州市福新中路 42 号　　**邮政编码：** 350011
**开　　本：** 787mm×1092mm　1/24
**印　　张：** 4.75
**版　　次：** 2016 年 7 月第 1 版　　2016 年 7 月第 1 次印刷
**书　　号：** ISBN 978-7-5459-1203-6
**定　　价：** 24.00 元

---

**如有发现印装质量问题，请寄承印厂调换。**

# 钱财如泉水

一八九三年十月，集美后尾角一座大厝，张灯结彩，热闹非凡。这一天是刚满二十岁的陈嘉庚回家完婚的大喜之日。

新娘是母亲挑选的板桥乡张建壬秀才的闺女张宝果。虽然以前他们从未谋面，但新娘子那端庄的仪态与壮实的身板，让陈嘉庚欢喜不尽。

婚后，夫妻俩情真意笃，如胶似漆。望着贤惠的妻子忙进忙出，嘉庚心里无比高兴。于是他将办婚事节省下来的两千块银圆交给妻子保管。

回家的一年多时间里，陈嘉庚除了从事渔业生产外，一有时间就跟着邻乡的塾师补习『四书』『五经』。这一年，他们的长子济民也出生了。

有一天，从外面回来的陈嘉庚，一直若有所思地呆坐在房里。

陈嘉庚接过熟睡的儿子说道：『我想用积蓄下来的那两千银圆在乡里办个学塾。』

『由于贫穷，很多小孩交不起学费，社里的南轩私塾已停办很多年了，这样下去，孩子们以后不都成为蔽眼盲牛了吗？』陈嘉庚说道。

『这些可是你下南洋三年辛苦赚来的，就这么全数用掉？』妻子有些犹豫。

『钱财是流动的，好比掘井得泉，今日用去，明日则依然流满。』

陈嘉庚答道，『孩子们的学习时间耽误了，可就补不回来了。』

『钱财如泉水……』张宝果连连颔首，重重忧虑顿时消解。

过去，陈氏宗亲七个房角，素不团结，各不往来。每个房角各办各的小私塾。教师平庸，学费又高，大多适龄学童不能入学。

于是，陈嘉庚想各房角撤去小私塾，联合办成一个较大的学塾，让全族所有适龄儿童都能到大学塾中就学。

在陈嘉庚的努力与斡旋下，各房头终于重归于好，答应联合办塾。

一八九四年底，集美社锣鼓喧天，由陈嘉庚出资兴办的惕斋学塾开学了，招收集美社的陈氏宗亲子弟入学。这是陈嘉庚捐资办学的开端。

虽然惕斋学塾鼎盛了两年，后因各房角的矛盾而解体。但陈嘉庚仍然坚持践约，十七年来，每年汇寄七千元，分发各房角充当塾费，从无间断。

一八九五年夏，二十二岁的陈嘉庚再次踏上远洋的船只，第二次到新加坡，仍在顺安米店任经理。

『钱财如泉水』，嘉庚劝导妻子的话得到了应验，后来他成为富甲一方的『菠萝苏丹』与『橡胶大王』。

# 守信如潮

一九〇三年七月，因葬母而回家三年的陈嘉庚，接到父亲从新加坡的来信催他速返。为此，他不得不放下手头的工作，第四次前往新加坡。

当他迈进曾精心打理的顺安店的大门时，不禁大吃一惊。但见店里一个顾客也没有，店员们几乎全在柜台内东倒西歪地打瞌睡，满店上下凌乱不堪。

他正要发问时，看到弟弟敬贤满脸泪痕地从楼上跑下来。

『阿爸呢？』陈嘉庚问道。敬贤抽泣着指了指楼上，『那个印度债主又来逼债了。』嘉庚大吃一惊，急忙奔上楼去。

二楼会客厅里，印度债主坐在椅子上高声怒吼着：『不能再延期了。』而父亲陈缨杞则无助地站在桌旁。

『你到底还不还?』面对着哈利的逼迫，陈缨杞咬着牙，从里间抱出一叠房契和地契，交给哈利：『我还，我把产业房屋全抵给你。』

站在厅外的陈嘉庚再也忍不住了，他猛地将门推开，奔到父亲跟前：『阿爸！』

『大儿子有什么用，又不能卖钱还债。』哈利蔑视地笑道。陈嘉庚强压着怒火问道：『哈利先生，我父亲到底欠你多少债？』

哈利有点奇怪地看了看陈嘉庚：『你父亲欠的债和你没关系，你来替他还？你有钱还吗？』

陈嘉庚坚定地说：『我现在没钱，但我会赚，今生今世我一定把我父亲欠下的债款还清。』

帮助父亲清理完所有产业后。一九〇四年，陈嘉庚筹集了七千元，因陋就简地创办了『新利川黄梨厂』，开始了其独立创业的传奇人生。

经过四年的艰苦打拼，陈嘉庚已拥有『新利川』、『日新』、『日春』等三家菠萝罐头生产企业和『谦益米店』、『恒美熟米厂』及『福山园』菠萝种植基地。

又到了年终结账的那一天，陈嘉庚一边翻着账本，一边拨打着算盘，然后长长地舒了一口气：『钱终于够了！』

『我是说阿爸生前欠哈利先生的十万债款，现在够还了。』嘉庚释然地站起身来。在座的所有人都被他的这一番话给惊呆了。

『英国的法律是这样规定，可我们乃是礼仪之邦，而且家父一生恪守信义，我又怎么能违背自己的诺言，我们不能在外国人面前丢脸。』陈嘉庚强调道。

日近黄昏，地处郊野的芋叶塘边的一间矮屋里，刚迈出门坎的哈利看到一位衣冠楚楚的年轻华人向这走来，急忙闪进屋内。

来人正是陈嘉庚，他几经周折才探知哈利住在这一带。看到来了陌生人，哈利马上无奈地说道：『我没钱了，只剩下这把老骨头了。』

『什么，你不是在取笑我！』哈利吃惊地看着眼前的这个年轻人，『按照法律规定，父子债不相及，何况你父亲已经去世，债务早就一笔勾销了。』

『哈利先生，我们华人言必信，行必果，当年答应替父还债，今天我已有能力偿还这十万元了。』说着陈嘉庚从包里取出了一张支票和一袋金币，交到哈利手中。

陈嘉庚守信如潮、替父还债的事被认为是新马地区近百年来的一桩奇闻而到处传扬。陈嘉庚从而赢得了新加坡商界的尊重与拥戴。

一时间，不论洋商还是华商都乐意和陈嘉庚打交道，就是没有与他生意往来的居民，也以能和他说上一句话、见上一次面而感到荣幸。

出于对陈嘉庚诚信的敬重，一个叫黎特利的英国人，向他介绍了树胶种植业的广阔前景，并建议他去找林文庆。

首次见面，林文庆便兴奋不已，主动为陈嘉庚联系了十八万粒树胶种子，并悉心指导种植。从此，陈嘉庚开始了其缔造橡胶帝国的脚步。

坚守诚信是陈嘉庚企业得以成功的一大法宝。有人说：陈嘉庚的成功，首先是做人的成功，成功的人脉带动了实业的成功。

# 不遗财产给子孙

随着陈嘉庚商业上的发展，他越来越感到教育的重要，他多次与友人谈到：『吾人捐金以补助国家社会之发达，最当最有益者，莫逾于设学校与教育之一举。』

一九一六年底，他派陈敬贤夫妻回国兴建集美学校的同时，自己则为兴办南洋第一所华文中学而奔走呼号。

他亲自拜访了新、马各帮几十所小学的校长，了解当地华人子弟的入学情况，打消了人们对中学创办后难招到合格生员的顾虑。

一九一八年五月，他以道南学校总理的名义，联合十五所华文小学的总理，共同发起筹办南洋华侨中学的呼吁。

六月十五日，众发起人在新加坡中华总商会召开特别大会，决定兴建『新加坡南洋华侨中学校』，并公推陈嘉庆为董事会总理。

在陈嘉庚兴学报国的精神感召下，新、马各帮侨众纷纷捐款给华侨中学，首期得款四十九万四千元。

一九一九年三月二十一日，南洋华侨打破地域和帮群界限，联合创办的第一所华文中学——新加坡南洋华侨中学正式成立。

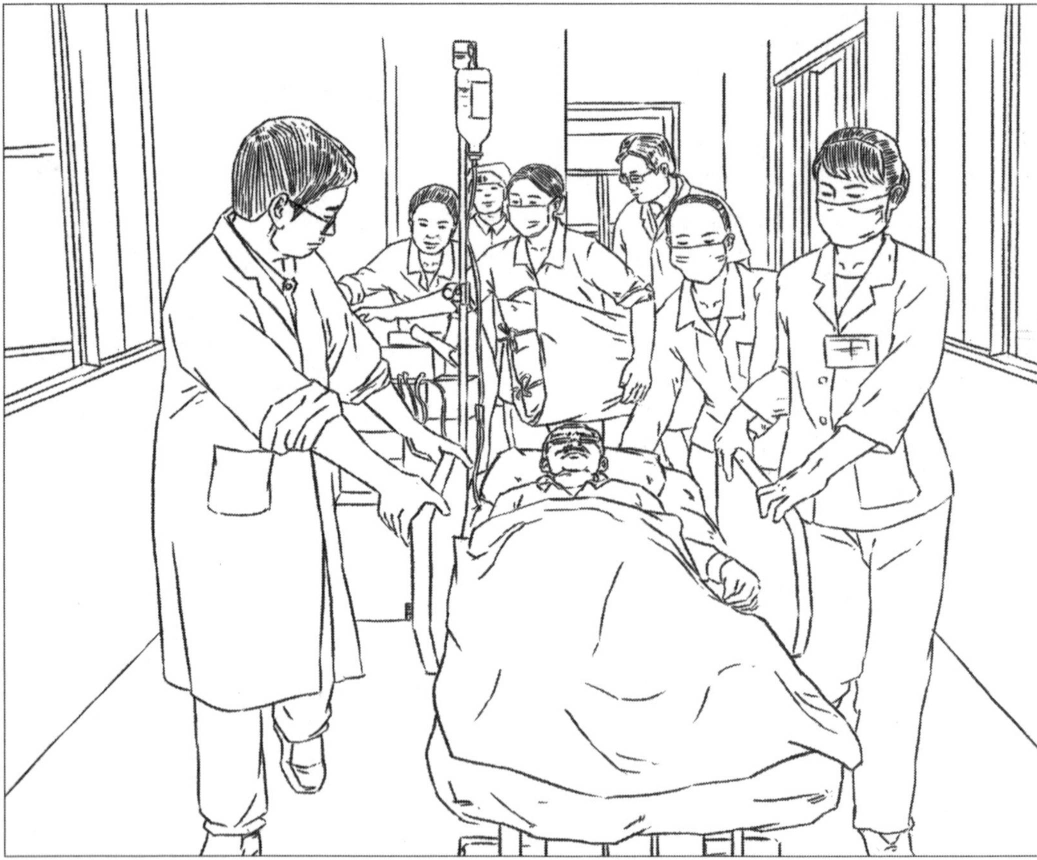

在陈嘉庚为南侨中学的创办四处奔波时，他突患阑尾炎。当年这种病还属于致命的险症。

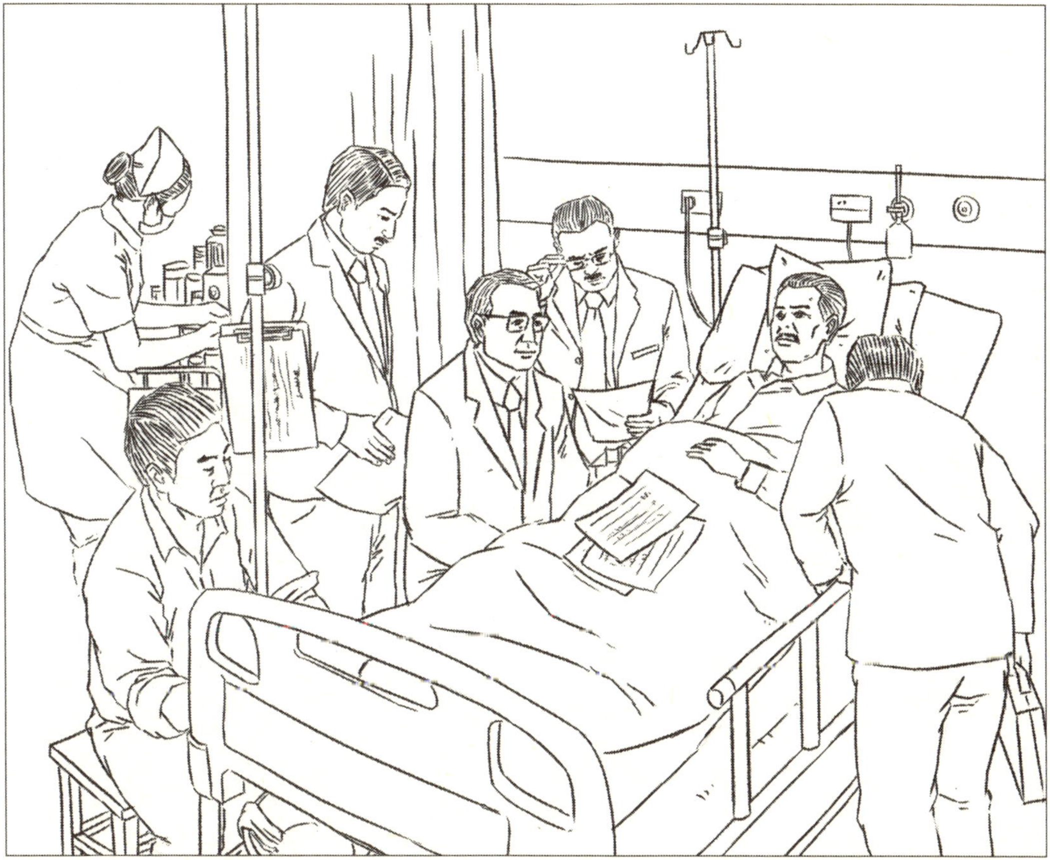

病危中的陈嘉庚急召律师和知交挚友，预立遗嘱，将他拥有的房屋、地产共值二百余万元拨给集美学校作为永久基金，以保证学校的继续发展。

幸而在医生的积极救治下，陈嘉庚的病情一天天好转，几个月后，他终于战胜死神，再次站立起来。

这时，有人劝他修改遗嘱，以适当照顾子女，他答道：『人谁不爱其子，非多遗金钱方谓之爱。且贤而多财则损志，愚而多财则益其过。』

这位对公益事业常以数万、数百万慷慨捐资的大实业家，对儿女的管教十分严格，不让子女买奢华用品，不许享受优裕生活。

虽然家里有两部小汽车，儿子陈厥祥每天到城里上学，他从不同意用小车接送，而是让厥祥自己去挤公共汽车。

为了扩大家乡的办学规模，陈嘉庚决定自己回乡主持办学。在公司的告别宴会上，他说：『以后本人生意及产业所得之利，除花红外，或留一部分添入资本，其余所剩，尽数寄回家乡，以充教育费用。』

最后，他勉励大家说：『本晚席设中字形，饮中国之酒，食中国之菜，愿诸君勿忘中国，克勤克俭，期竟大功。』

一九一九年七月十三日，在厦门浮屿的陈氏宗祠，陈嘉庚邀请了各界人士三百多人召开特别大会，宣布筹办厦门大学。

会上他慷慨陈词：『今日国势危如累卵。所赖以维持者，唯此方兴之教育与未死之民心耳。』

在大会上，陈嘉庚认捐了一百万大洋的开办费，当年交清。经常费三百万，分十二年付完。这个数额是他当时全部资产的总和。

事后有好友劝他不要把全部资产豁出去。陈嘉庚淡然一笑道：『钱由我辛苦得来，也应由我慷慨捐出，金钱如粪土，撕开才有用。』

有人做过统计，陈嘉庚一生投资于教育的费用，以一九八〇年国际汇率计算，已超过一亿美元。

从一九〇四年陈嘉庚独立创办公司到一九三一年被迫改组为陈嘉庚有限公司，期间各种费用支出为一千三百三十一万叻币，其中捐资助学的费用高达92%，而家庭费用仅占2%。

# 卖掉大厦，支撑厦大

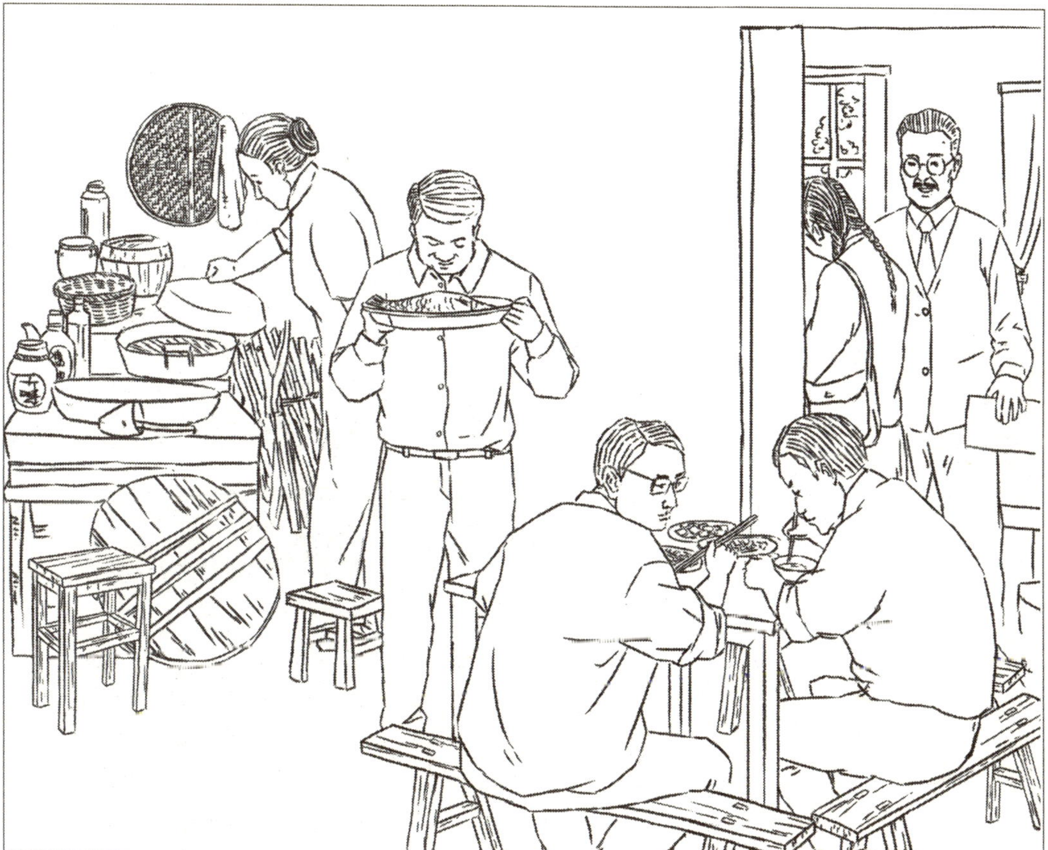

第一次世界大战结束时，陈嘉庚的资产高达四百多万，但全家却一直住在顺安老店和庆成成两个旧平房里，生活十分简朴。

经家人一再请求，直至一九二六年，陈嘉庚才同意购买由三幢楼组成的花园别墅经禧律四十二号作为自己的新家。

但好景不长，也就在这一年，橡胶价格急剧下降，陈嘉庚公司首次出现亏损，亏损额竟高达九十万。

一九二七年，市场仍不见好转，加上日、英等国的联合倾轧，陈嘉庚的公司出现了更严重的亏损。为了维持集厦两校的办学经费，他毅然卖掉了六千英亩的胶园。

一九二八年，日本帝国主义在山东制造济南惨案，消息传来，陈嘉庚极其愤怒，他立即联络南洋华侨，组织声讨日军的暴行，并发动捐款，赈济山东难民，宣传抵制日货。

陈嘉庚的爱国行为激怒了日本帝国主义，于是他们决定采用政府补贴的方式打击陈嘉庚的橡胶公司。

到了一九三二年一月，陈嘉庚公司已面临极大的经济危机。这一天，陈嘉庚与三个儿子及陈友德围坐在书房里商议对策。

『现在账面上的存货总额已超过五百万，我们的资金全部冻结在这些旧货上。』次子陈厥祥焦灼不安地说。

看到陈嘉庚发愁的样子，陈友德建议说：『上个月日本胶商前来洽购两万五千担橡胶，当时没答应，现在还是卖给他们吧！』陈嘉庚当即一口回绝。

『厦集二校今年的经费是否汇出？』陈嘉庚若有所思地问道。

『经费至今尚无着落。』陈友德怯怯地答道。

『好大胆啊，友德！』陈嘉庚怒不可遏地说道，『我年年交代，再困难也需保证厦集二校的经费，你竟敢不予安排。』

『年底不是还存有二十万现款吗？』陈嘉庚猛地站起来，厉声责问道。『已经拿去抵还拖欠银行的过期利息了。』陈友德无奈地答道。

听到友德的回答，陈嘉庚一下子跌坐在藤椅上。书房里顿时安静下来。

『友德，已是一月底了，你快想法将今年厦 集二校的首期经费汇出。』陈嘉庚用商量的口气说道。

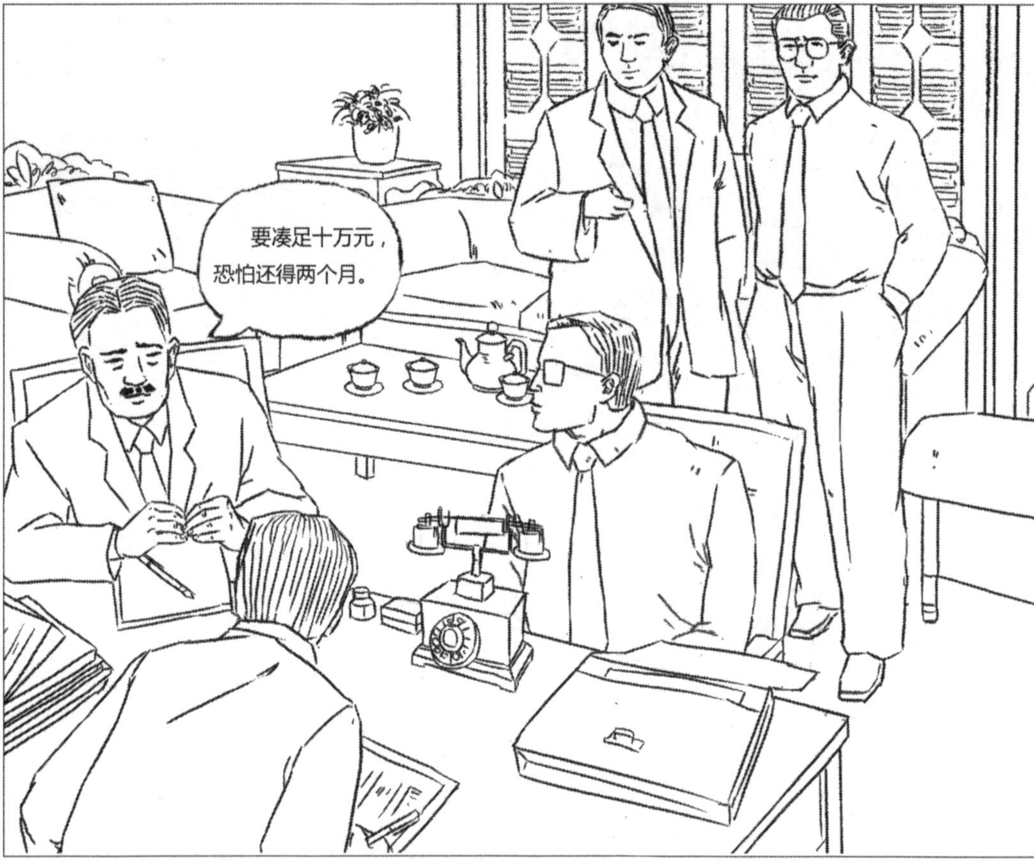

『两个月？不行。』陈嘉庚霍地站起身，推开藤椅，在宽敞的书房里来回踱步。书房里，人们再次沉寂下来。

『先到银行把这别墅典押掉。』陈嘉庚突然转过身来，对着陈友德说。『什么？……』友德和济民等人同时惊讶无比地跳起来。

陈嘉庚摆了摆手，继续说道：『这座别墅至少可典押十万现金。厦集二校今年的首期经费立即可以汇出。过后再找个买主，把这座别墅卖掉。』

『阿爸……』三个儿子齐声喊道。『不必讲了。』陈嘉庚未等他们开口，就坚决说道，『当时我就不太同意置买这座别墅。』

别墅卖掉后，陈嘉庚将所得的款项，一分不剩地全部汇给了厦集两校，而自己则在街尾购置个小平房安身。

一九三二年，英国人的银行团强迫陈嘉庚公司改组为有限公司，企业被英国银行团掌控，公司员工出现了严重的怠工现象。

英国银行团只好请陈嘉庚继续担任董事经理之职。陈嘉庚开出月薪不少于四千元叻币的条件。银行团在无奈的情况下，不得不接受他的条件。

月终发薪金时，陈嘉庚嘱咐财务把他的薪金汇给集厦两校作为经费。他说：『我的生活非常简单，每月只需数十元即可。』这种情形一直维持到公司正式收盘为止。

# 难侍候的“财神爷”

陈嘉庚企业收盘前后的几年间，日本帝国主义加紧了对中国的侵略。『七七事变』爆发后，全球各地的华侨掀起了反日爱国运动的高潮。

一九三八年十月十日，来自东南亚各地四十五个埠头的华侨代表一百六十八人，汇集新加坡，举行南洋各属华侨筹赈祖国难民会代表大会。

大会决定组织『南洋华侨筹赈祖国难民总会』，简称『南侨总会』，共推陈嘉庚为总会主席，负责领导全南洋的抗日救亡筹赈运动。

上任后，陈嘉庚大力推进义捐与侨汇工作，仅一九三九年南洋华侨汇回祖国的款额共计国币八亿元。捐赠和侨汇成了抗日救国的重要财源。

为了慰问国内遭受苦难的同胞和浴血奋战的将士，激励海外华侨支援抗战的热情，陈嘉庚决定组织『南洋华侨回国慰劳视察团』回国考察。

倡议一出，得到侨民们的大力支持。一九四〇年春，慰劳团在鞭炮鼓乐声中诞生，成员五十人，兵分三路出发。

应蒋介石之邀，陈嘉庚和庄西言、李铁民先期出发，准备出席在重庆召开的国民参政会，然后前往各战区慰劳视察。

三月二十六日下午，重庆机场人声鼎沸，当陈嘉庚走出机舱时，主持欢迎仪式的国民党中央海外部部长吴铁城快步迎上，紧紧握住陈嘉庚的手。

简短的新闻发布会后，吴铁城将陈嘉庚等人引到轿子前：『陈嘉庚先生，请先上轿。车子在马路上等着。』『不，不，我不坐轿。』陈嘉庚摇着头，拄着手杖，大步向前走去。

车子开进国民党中央组织部新置的嘉陵招待所，车门一开，七八个青年男女热情地拥上来，有的搀扶客人，有的提包，将陈嘉庚等人引到一幢平房里。

陈嘉庚见房内清一色的新设备，不禁直摇头：『何必如此，何必如此……』随之问道：『慰劳团五十人四月初到重庆，他们住在哪里？』

陈嘉庚听后深感不安，心想，这岂不是要开销大笔的招待费吗？他沉吟了片刻说：『我看到这招待所还有两幢房子，都住人了吗？』

他们走进一看，房子刚粉刷好，尚未摆上家具。陈嘉庚连声叫好，并交代说：『铁民，把行李搬过来。』

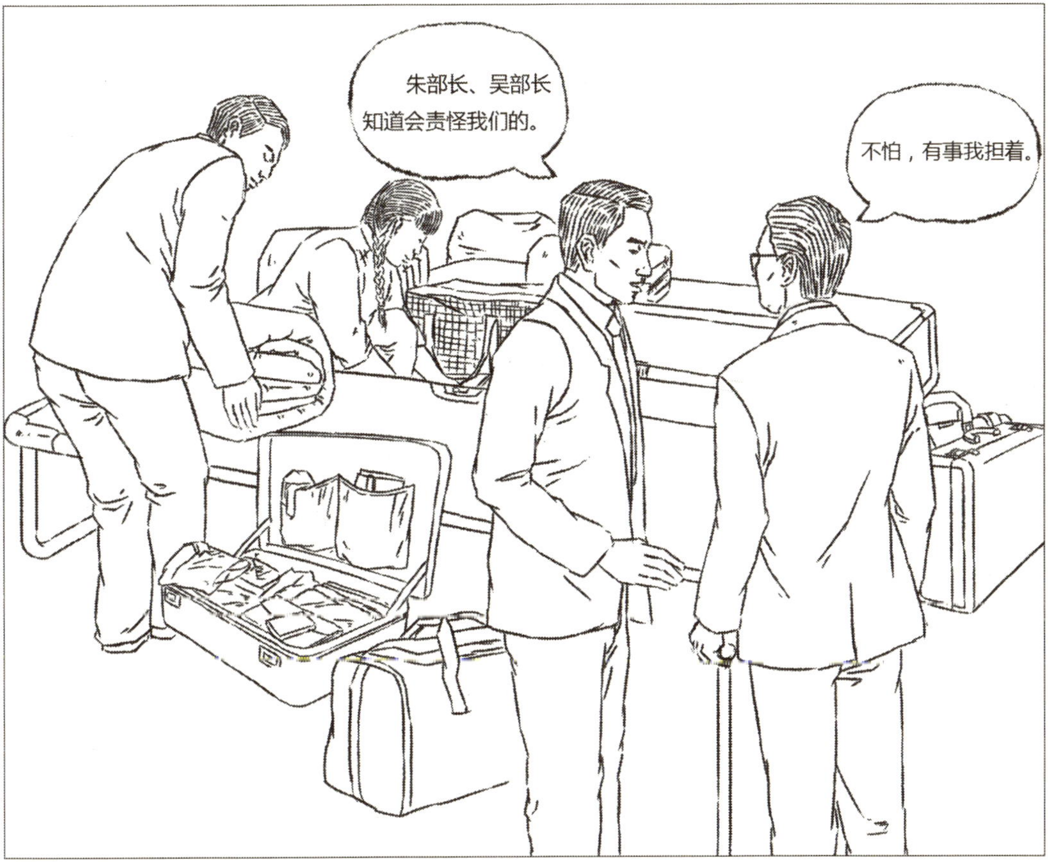


很快，他们将三张折叠式的帆布床搭在了空房间里。招待科长尴尬地劝说道：『先生，你们自己张搭帆布床恐怕不好吧。』『怎么不好？』陈嘉庚反问道。

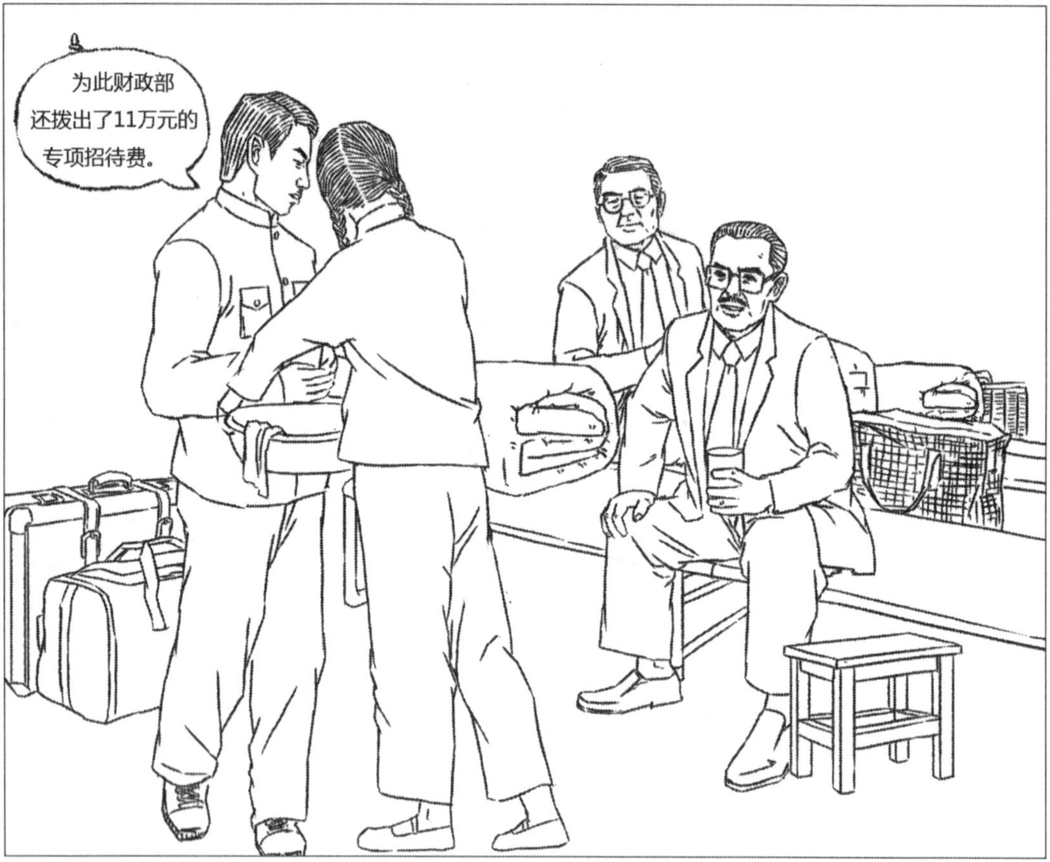


一位年轻的小伙子搭讪道：『大家都说您是财神爷，一定要好好招待，重庆各机关还联合制订了一套招待计划，您每日的午餐、晚餐，都分别由国家机关宴请……』

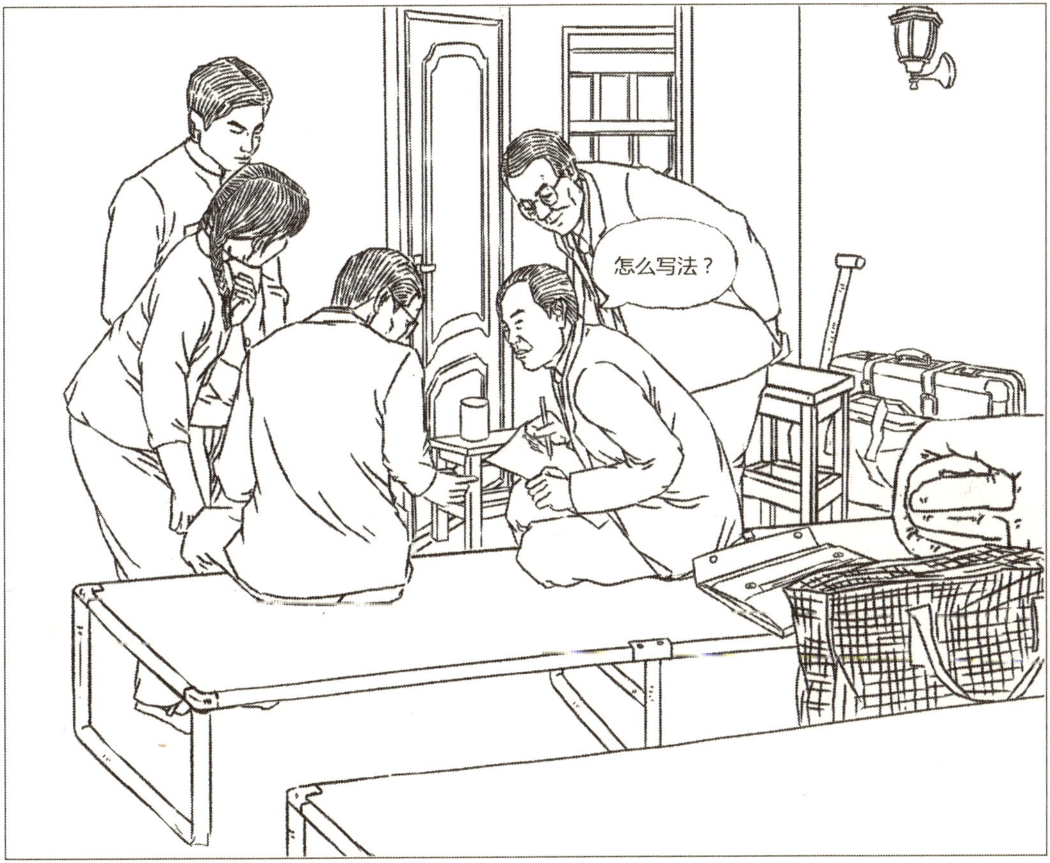


陈嘉庚听后大为焦急，连声说道：『怎么好这样做，怎么好这样做！』说着转身对李铁民说：『赶紧拟一份启事。』

陈嘉庚沉吟了片刻说道：『就叫《辞谢无谓应酬》的启事……

立即送各家报馆，明日务必登载出来。』

第二天，整个重庆到处传阅着陈嘉庚的《辞谢无谓应酬》的启事。

重庆国民党官员们万万没想到，原先计划的那一套招待『财神爷』的方案，会被一则短短的《启事》给搅乱了。

后来，这位难侍候的『财神爷』索性带领全团搬进了嘉陵新村的两间房里，并借来一些桌椅、碗筷，自行开起了简单的伙食。

陈嘉庚在重庆四十天，除六次必不可少的宴会外，其余近百次宴请，均被他婉言谢绝。